Género Obra de teatro

I0800879

¿? Pregunta esencial

¿Cuáles son algunos de los motivos por los que la gente se muda a otro lugar?

Cambio de local

Marcela Villegas-Gómez • ilustrado por Edwin Cruz

Acto único

Escena 1

El restaurante familiar

Personajes

TUAN

SEÑORA TRAN *(abuela de Tuan)*

BAO *(papá de Tuan)*

NARRADOR

Escenario *Tuan entra al restaurante de su familia. Su abuela está al frente de la caja registradora.*

NARRADOR: *(Dirigiéndose al público)* Voy a presentarles a un niño llamado Tuan. ¿Sabían que su nombre significa inteligente en vietnamita? Su curiosidad es enorme y le encanta aprender cosas nuevas. De hecho, es uno de los mejores estudiantes de su curso. Este es el restaurante de su familia. Como verán, es pequeño, pero cada vez tiene más clientes, pues todos dicen que la comida es deliciosa.

(Tuan acercándose a su abuela).

SEÑORA TRAN: *(Cariñosa)* ¡Hola, pequeño Tuan!

TUAN: *(Protestando y haciendo pucheros)* Abuela, ya no soy el pequeño Tuan, ¡tengo diez años!

SEÑORA TRAN: *(Sonriendo)* Perdón, caballero, se me olvida que usted ha crecido mucho en el último mes.

TUAN: ¿Puedo ayudarte en algo, abuela? Podríamos hacer juntos la lista de las compras.

SEÑORA TRAN: *(Pensando)* Pues... hagamos un trato: ve a hacer tus deberes y me ayudas cuando termines. Todavía no estoy lista, debo hacer antes algunas cuentas.

TUAN: Perfecto, abuelita. Vuelvo cuando termine mis deberes.

(Tuan sale del escenario y entra su padre, Bao).

BAO: *(Con prisa)* Hola, mamá. ¿En qué puedo ayudarte? ¿Qué ha pasado el día de hoy en el restaurante?

SEÑORA TRAN: Hola, hijo. Llamó la señora Bernard, quiere venir con veinte personas esta noche.

BAO: (*Llevándose las manos a la cabeza*) ¡Veinte personas, imposible! No tenemos espacio para sentarlas. ¡Vaya! ¿Qué haremos?

SEÑORA TRAN: (*Sonriendo*) Tranquilo, hijo, podemos poner una mesa grande en el jardín, el clima está tan agradable.

AHORA COMPRUEBA

¿Por qué Bao se lleva las manos a la cabeza?

BAO: ¡Claro, el jardín! Es una buena idea, mamá. Sabes algo, he estado pensando y creo que necesitamos un local más grande. El restaurante cada día recibe más clientes, y muchas veces nos hemos quedado sin espacio para ubicarlos.

SEÑORA TRAN: *(Alterada)* Hijo, ¡hablas como un demente! Eres un visionario que se deja llevar por sus fantasías. Mudarse a un local más grande cuesta mucho dinero. Además, es necio pensar en irse de aquí, perderíamos a todos nuestros clientes.

Escena 2

Una gran oportunidad

Personajes

TUAN

BAO

LIEN *(mamá de Tuan)*

SEÑORA TRAN

NARRADOR

Escenario *La señora Tran, Bao y Lien están en su casa, sentados alrededor de la mesa del comedor.*

NARRADOR: La abuela de Tuan llegó a Estados Unidos hace muchos años con muy poco capital. Vino de Vietnam, cuando ese territorio fue azotado por una guerra. Primero llegó a Washington, la capital del país. Luego se asentó en Nueva Orleans y abrió su restaurante. Ella ha sido muy persistente y nunca ha dejado de trabajar. Por eso, teme que, al mudarse, se pierdan todos los años de duro trabajo en el negocio de la familia.

BAO: *(Emocionado)* Mamá, mi amigo Jim me ofreció un local en la parte antigua de la ciudad.

LIEN: *(Dirigiéndose a la señora Tran)* Creo que es una gran oportunidad. Es un local grande, luminoso y muy bonito. Además, el precio es muy bajo. Podríamos ir a verlo en la tarde, después de que Tuan salga de la escuela.

BAO: El local está muy bien situado, tiene varios parques cerca. También hay una escuela a la que Tuan podría asistir.

SEÑORA TRAN: Es una locura pensar en dejar este barrio *(pensativa)*, pero voy a ir a ver el sitio.

AHORA COMPRUEBA

¿Por qué Lien cree que mudarse a un local nuevo es una gran oportunidad?

(Tuan llega de la escuela; su mamá le cuenta acerca de los planes de mudarse).

TUAN: *(Saltando con alegría)* ¡Yupi! ¡Yupi! ¡Yupi! Un nuevo local. Abuelita, vamos, vamos, vamos. Puede que ese local nos guste mucho más que el nuestro.

(Al día siguiente van los cuatro a ver el lugar).

TUAN: Abuela, este sitio es perfecto para el restaurante. Mira, ¡qué bonito vecindario!

SEÑORA TRAN: Tienen razón, el lugar es muy bonito, pero, ¿creen que los clientes vendrán hasta aquí?

LIEN: *(Decidida)* Claro que sí, abuela, nuestra comida les encanta.

BAO: Además tendremos nuevos clientes, a esta zona de la ciudad vienen muchos turistas.

SEÑORA TRAN: Me convencieron, ¿qué estamos esperando? ¡Empecemos a empacar! ¡Tenemos que comprar cortinas y manteles nuevos! Tampoco podemos olvidar las flores...

TUAN: *(Risas)* Paciencia, abuelita, cada día trae su afán. Si tú quieres, te ayudo a empacar tus cosas.

Detective del lenguaje	**Busca un pronombre posesivo en esta página.**

Escena 3

La mejor comida de Nueva Orleans

Personajes

TUAN

BAO

LIEN

SEÑORA TRAN

JANE *(amiga de Tuan)*

SEÑOR MARABLE *(papá de Jane)*

SEÑORA MARABLE *(mamá de Jane)*

CLIENTES DEL RESTAURANTE

NARRADOR

Escenario *Tuan, la señora Tran, Bao y Lien están saludando a los clientes en el nuevo local.*

NARRADOR: Después de un gran esfuerzo, nuestros amigos se mudan al nuevo local. El restaurante es muy bonito y la inauguración, todo un éxito. Han llegado muchos clientes, y toda la familia los recibe amablemente.

SEÑOR MARABLE: Hola, Tuan, el restaurante está estupendo.

TUAN: *(Con gran alegría)* Hola, señor Marable. Hola, señora Marable. Hola, Jane. ¡No lo puedo creer, vinieron a la inauguración!

SEÑORA MARABLE: No nos la perderíamos por nada. ¡Esta es la mejor comida de Nueva Orleans!

JANE: Ahora que te mudaste, no olvides ir a visitarme tú también.

TUAN: Claro que sí, voy a ir con mis papás a ver a mis amigos en el antiguo vecindario. Allá vienen mi abuela y mi papá.

(Bao y la señora Tran se acercan a saludar).

SEÑOR MARABLE: Bao, señora Tran, el nuevo restaurante es una belleza. ¿Fue muy difícil tomar la decisión de mudarse?

SEÑORA TRAN: Al principio yo no quería cambiar de local, pero entre todos me convencieron de mudarnos, y aquí me tienen.

(La señora Tran y Tuan sonríen satisfechos por el éxito del restaurante).

TUAN: Yo también estoy feliz, este vecindario me encanta, cerca hay un parque donde juego balompié, y mi nueva escuela me gusta mucho.

SEÑORA MARABLE: Miren todos los clientes que han venido: el restaurante es un éxito. ¡Enhorabuena!

BAO: ¡Gracias! Es cierto, el cambio de local ha resultado muy bueno para el negocio.

Detective del lenguaje	¿Cuál es la función de la coma en el texto subrayado?

(Uno de los clientes se pone en pie y, con una voz poderosa, se dirige a todas las personas del restaurante).

CLIENTE: Felicitemos a la familia Tran por su nuevo restaurante. ¡Aplausos, por favor!

(Todos los clientes se ponen en pie y aplauden a la familia, que se ve muy feliz y orgullosa).

NARRADOR: Para la familia Tran no fue fácil tomar la decisión de mudarse, pero hacerlo les trajo muchos beneficios. Como su nuevo restaurante es mucho más grande que el anterior, ahora pueden atender a más personas. El negocio marcha mejor que nunca, y la señora Tran está dichosa de ver cómo prospera su restaurante.

Tuan se siente feliz en su nuevo vecindario, pero no se olvida de sus viejos amigos. También continúa siendo uno de los mejores estudiantes de su curso y siempre está dispuesto a ayudar a su abuelita. Dice que debe aprender todo sobre el negocio, pues cuando crezca tomará a su cargo el restaurante familiar y él quiere que cada vez su comida tenga más renombre en la ciudad.

AHORA COMPRUEBA

¿Por qué los clientes del restaurante aplauden a Tuan y su familia?

Respuesta a la lectura

Resumir

Usa los detalles importantes de *Cambio de local* para resumir la obra de teatro. Puedes usar el organizador gráfico como ayuda.

Causa → Efecto
→
→
→
→

Evidencia en el texto

1. ¿Cómo sabes que *Cambio de local* es una obra de teatro? Identifica una característica que te lo indique. **GÉNERO**

2. ¿Qué acontecimientos llevan a que la familia de Tuan se mude de local? **CAUSA Y EFECTO**

3. En la página 7, dice: "La abuela de Tuan llegó a Estados Unidos hace muchos años con muy poco capital". Luego, en la misma página, dice: "Primero llegó a Washington, la capital del país". Usa las claves de contexto para definir el significado de la palabra *capital*. **HOMÓGRAFOS**

4. Imagina que eres Tuan. Escribe acerca de cómo te habrías sentido con el cambio de local. **ESCRIBIR SOBRE LA LECTURA**

Género Cuento exagerado

Compara los textos

Lee acerca de un niño que traslada un pueblo entero a otro lugar para salvarlo de la furia de un volcán.

El Coyote salva Chalchuapa

Era de madrugada. Los habitantes de Chalchuapa dormían en sus casas. De pronto, escucharon un estruendo ensordecedor. Los más curiosos se asomaron por las ventanas y vieron en el horizonte una columna de humo grande y espesa. Atemorizados, avisaron a los demás habitantes que el volcán iba a hacer erupción.

Cuando todos se enteraron de la noticia, empezaron a correr de un lado para otro. Estaban desesperados, pero en ese momento llegó... el Coyote. El Coyote era un niño con grandes poderes físicos y mentales. Por eso, podía llegar más veloz que un rayo al lugar donde lo necesitaran. Se vestía como un coyote para que nadie lo reconociera.

Como el Coyote era tan astuto, encontró rápidamente la forma de salvar el pueblo. Decidió pedirle ayuda a una bandada de togoroces. Visitó los nidos de las aves. Y una vez que las convenció para que lo ayudaran, les explicó su idea: llevar el pueblo a un lugar seguro.

El Coyote cortó con unas grandes tijeras los bordes del pueblo. Luego los ató con hilos de seda a las patitas de las aves. Estas aletearon y el pueblo se empezó a elevar. El Coyote aprovechó ese momento para meterse debajo del pueblo y, con su gran fuerza, ayudar a las aves a llevarlo a un lugar seguro.

Cuando estaban volando a una gran altura, los habitantes del pueblo vieron cómo un río de lava caliente, burbujeante y espesa cubría el lugar. Ahora había una masa roja donde momentos antes estaba el pueblo.

El Coyote y los togoroces sobrevolaron la región, hasta que encontraron un terreno plano y fértil en donde asentarse. Bajaron lentamente. Apenas se posaron, los habitantes del pueblo empezaron a aplaudir al Coyote y a las aves por haberlos ayudado en esa peligrosa situación.

El Coyote, con sus ágiles manos, unió los hilos de seda y cosió el pueblo de Chalchuapa a su nuevo terreno para que no se deslizara.

Cuando todo estuvo solucionado, el Coyote salió veloz a otro lugar en donde lo necesitaban con urgencia. Tenía que detener un voraz incendio en la selva y salvar una gran cantidad de animales.

¿? Haz conexiones

¿Cuál fue el motivo por el que los habitantes de Chalchuapa se tuvieron que mudar a otro lugar? **PREGUNTA ESENCIAL**

¿Qué beneficios obtuvo la familia de Tuan en *Cambio de local* y los habitantes de Chalchuapa al mudarse a otro lugar? **EL TEXTO Y OTROS TEXTOS**

Enfoque: Género

Obra de teatro Las obras de teatro por lo general se dividen en escenas y se desarrollan mediante el diálogo entre los actores que representan a los personajes. En el texto escrito aparecen acotaciones. Estas vienen entre paréntesis y en letra cursiva, e indican acciones, movimientos, gestos o sentimientos de los personajes.

Lee y descubre En *Cambio de local* hay un acto único dividido en tres escenas. También hay acotaciones entre paréntesis y en letra cursiva que describen las acciones de Tuan, la señora Tran y los otros personajes.

Tu turno

Vuelve a leer la página 9. Identifica las acotaciones y, con otros dos compañeros, representen la escena teniendo en cuenta la descripción de las acciones de los personajes y el ambiente.